Savais-tu

Les Vers solitaires

D0684511

Savais-tu?

Les Vers solitaires

Alain M. Bergeron
Michel Quintin
Sampar

Illustrations de Sampar

ÉDITIONS
MICHEL
QUINTIN

Catalogage avant publication de Bibliothèque et Archives nationales du Québec et Bibliothèque et Archives Canada

Bergeron, Alain M., 1957-

Les vers solitaires

(Savais-tu? ; 33)
Pour enfants de 7 ans et plus.

ISBN 978-2-89435-344-8

1. Taenia - Ouvrages pour la jeunesse. 2. Taenia - Ouvrages illustrés - Ouvrages pour la jeunesse. I. Quintin, Michel, . II. Sampar. I. Titre. II. Collection: Bergeron, Alain M., 1957-   . Savais-tu? ; 33.

QL391.P7B47 2007   j592'.4   C2007-941617-9

Infographie : Marie-Ève Boisvert, Éd. Michel Quintin

Le Conseil des Arts du Canada
The Canada Council for the Arts

Patrimoine canadien

Canadian Heritage

La publication de cet ouvrage a été réalisée grâce au soutien financier du Conseil des Arts du Canada et de la SODEC. De plus, les Éditions Michel Quintin bénéficient de l'aide financière du gouvernement du Canada par l'entremise du Programme d'aide au développement de l'industrie de l'édition (PADIÉ) pour leurs activités d'édition.

Gouvernement du Québec – Programme de crédit d'impôt pour l'édition de livres – Gestion SODEC

ISBN 978-2-89435-344-8
Dépôt légal - Bibliothèque et Archives nationales du Québec, 2007
Dépôt légal - Bibliothèque et Archives Canada, 2007

© Copyright 2007

Éditions Michel Quintin
C.P. 340, Waterloo (Québec)
Canada J0E 2N0
Tél.:   450 539-3774
Téléc.: 450 539-4905
www.editionsmichelquintin.ca

0 7 - M L - 1

Imprimé au Canada

Savais-tu que l'infestation par les vers est le problème médical le plus courant sur la planète? On évalue que le tiers de la population du globe est l'hôte d'au moins un des nombreux types de vers connus.

Savais-tu que, répandu dans le monde entier, le ténia – ou ver solitaire – est ce long ver en forme de ruban? Son nom vient d'ailleurs du latin tænia qui veut dire ruban.

Savais-tu que le ténia adulte passe toute sa vie comme parasite dans l'intestin d'un vertébré tels le chien, le chat ou l'homme?

Savais-tu que le ténia adulte se nourrit d'une partie des aliments ingérés par son hôte, qu'on appelle hôte final ou hôte définitif?

Savais-tu que chez certaines espèces, on retrouve un seul individu adulte par hôte? C'est d'ailleurs pour cette raison qu'il est couramment appelé le ver solitaire.

Savais-tu que le ténia est dépourvu de bouche et de tube digestif? Il absorbe sa nourriture à travers la paroi externe de son corps.

Savais-tu que c'est grâce aux crochets et aux ventouses qu'il porte sur sa minuscule tête qu'il peut se fixer aux parois de l'intestin?

Savais-tu qu'il arrive que la présence du ver solitaire dans l'intestin d'un hôte passe inaperçue pendant des années? Cependant, elle peut aussi provoquer des maux de ventre,

des diarrhées, des nausées, des troubles de l'appétit et de l'amaigrissement.

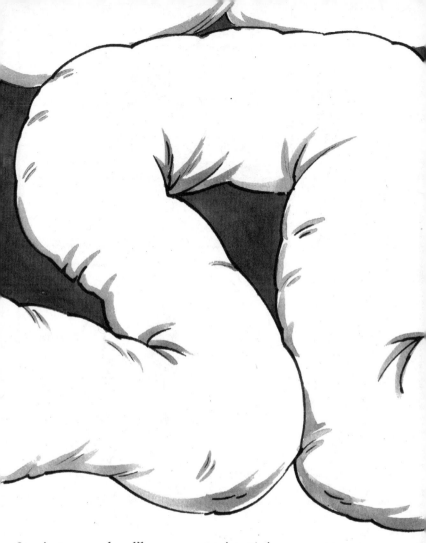

Savais-tu que chez l'homme, certains ténias peuvent atteindre une longueur de 12 mètres?

Savais-tu que le ténia peut vivre plus de 3 ans?

Savais-tu que ce parasite est un animal hermaphrodite? Cela signifie qu'il est à la fois mâle et femelle.

Savais-tu qu'après 3 mois de développement dans un intestin humain, le ténia est capable de procréer?

Savais-tu que, semblable à une nouille plate, le long corps du ténia adulte est formé de centaines, voire de milliers de segments de la grosseur et de la forme de grains de riz?

Savais-tu que les segments les plus éloignés de la tête de l'animal sont les plus gros? De forme rectangulaire, ces derniers peuvent mesurer 2 cm de long sur 1 cm de large.

Savais-tu qu'en fait, ces segments sont des poches remplies de dizaines de milliers d'œufs minuscules?

Savais-tu que, lorsque des segments se détachent du corps du ver, ils sont lentement relâchés dans les selles de l'hôte? Certains ténias produisent plus de 150 millions d'œufs par an.

Savais-tu qu'il arrive souvent qu'on aperçoive, entre autres chez le chien et le chat, un ou plusieurs de ces petits grains de riz qui se tortillent près de l'anus de l'animal?

Savais-tu que, chez l'homme, le diagnostic de cette parasitose est souvent porté après la découverte de segments dans les selles, les sous-vêtements ou les draps d'une personne infectée?

Savais-tu qu'avant de nous infecter, les œufs relâchés dans la nature doivent être ingérés par un autre animal? C'est à l'intérieur de cet « hôte intermédiaire » qu'ils vont se développer jusqu'à l'état larvaire.

Savais-tu que l'hôte intermédiaire est, dans nombre de cas, la proie de l'hôte final?

Savais-tu qu'un ténia parasite de l'intestin du chat effectue son stade larvaire dans le foie des rats et des souris?

Savais-tu qu'un ténia de chien, de coyote ou de renard effectue son stade larvaire dans le foie ou les poumons de plusieurs mammifères, dont le mouton?

Savais-tu que la puce est l'hôte intermédiaire de l'une des espèces de ténias les plus communes chez le chien? C'est en se léchant que ce dernier peut ingérer une puce contenant une larve et alors s'infester.

Savais-tu que, le plus souvent, les larves des principales espèces de ténias qui affectent l'être humain se retrouvent dans certains poissons ainsi que dans la viande de bœuf ou de porc mal cuite?

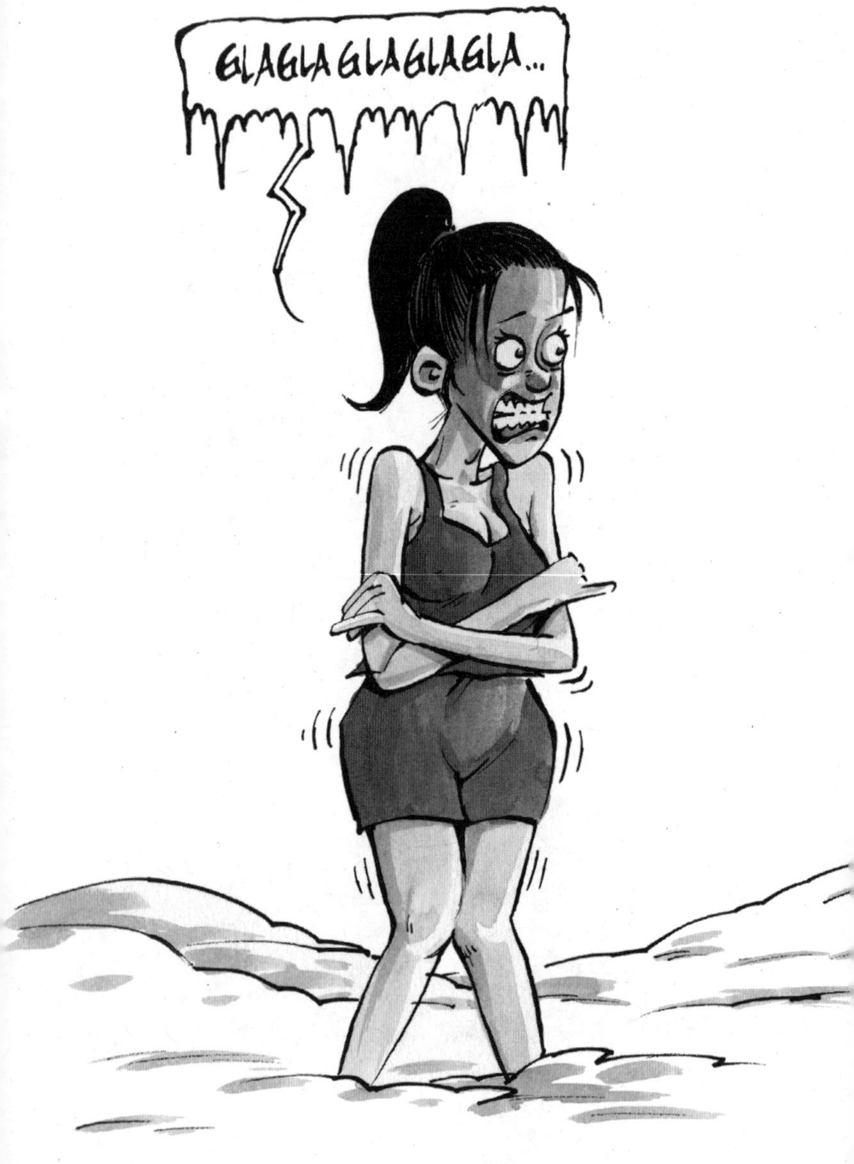
GLAGLA GLAGLAGLA...

Savais-tu qu'il suffit de bien cuire la viande pour éviter tout danger de contamination par le ver solitaire? Une congélation prolongée à - 20 °C tue aussi les larves de ce parasite.

Savais-tu que les œufs rejetés par un hôte sont très résistants?
Le bétail, comme le bœuf et le porc, peut être contaminé en
broutant des herbages souillés par nos matières fécales ou lors
de l'épandage des boues des stations d'épuration.

Savais-tu que, dès que la larve est ingérée par l'hôte final, elle va immédiatement se fixer dans l'intestin de ce dernier? C'est ainsi que le cycle parasitaire recommence.

Savais-tu que dans le monde, les endroits où la population est le plus atteinte par les vers parasites sont aussi les endroits où il y a le moins de maladies auto-immunes telles que l'asthme, la sclérose en plaques et la maladie de Crohn?

Savais-tu que certains chercheurs croient que les vers parasites qui colonisent notre système digestif peuvent avoir un effet bénéfique sur notre système immunitaire?

D'après eux, certaines maladies comme l'asthme seraient associées à un excès d'hygiène.